El soñado desquite

José Alejandro Peña

ALMAVA EDITORES
www.almava.net
info@almava.net

José Alejandro Peña nació en 1964, en Santo Domingo, República Dominicana. Emigró a los Estados Unidos en 1995, donde fundó *Ediciones El Salvaje Refinado* y, más tarde, *Obsidiana Press*. Graduado en Estudios Internacionales y Ciencias Políticas en West Virginia State University. En 1986 obtuvo el Premio Nacional de Poesía con su libro *El soñado desquite*.

Libros publicados:

Iniciación Final (1984), *El soñado desquite* (1986), *Pasar de sombra* (1989), *Estoy frente a ti, niña terrible* (1994), *Blasfemias de la flauta* (1999), *Mañana, el paraíso* (2001), *El fantasma de Broadway Street y otros poemas* (2002), *Suicidio en el país de las magnolias* (2008).

PREMIO NACIONAL DE POESÍA

JOSÉ ALEJANDRO PEÑA

EL SOÑADO DESQUITE

POEMAS

ALMAVA EDITORES
www.almava.net
info@almava.net

Copyright © 1986-2018 José Alejandro Peña
EL SOÑADO DESQUITE
Premio Nacional de Poesía de 1986

Todos los derechos reservados.
Prohibida la reproducción parcial o total
de esta obra, sin permiso previo de su autor y/o de los editores.

Primera edición: Biblioteca Nacional, Colección Orfeo, 1986.

Tercera edición corregida y aumentada, 2018

ISBN 978-1-945846-00-7

Impreso en los Estados Unidos de América.

Almava Editores
www.almava.net
info@almava.net

I

Caracol

Sangrante caracol que el cielo llena
de abultados reflejos inservibles
una espiral de muerte una espiral
de vida que se sueña
dislocada eclosión y brazo y brasa...

El huracán de piedra de la memoria
con sus dedos de humo y guillotina
decapita los ecos aurorales que
te dicen: soñar es estar vivo.

Soñar el propio abismo restaurado
con una sed ahogada por la piedra
y sentir que la noche se arranca con
mis uñas los pedazos de rabia que le
cedo.

Soñar el suelo abierto
en cada filo
en cada sed
en cada ida
es recobrar la infancia de los remos
que aúllan.

El mar acaba sofocado en pieles
alteradas por ningún sonido.

El buscador de tesoros

¿Eres tú el buscador de tesoros
en la espiral de una angustia
que se olvida en la noche?

No —le digo—. Soy un grano de sol
                    partido por la ola.
Y se arrincona en el ángulo del codo
la nostalgia o la lluvia.

¿Qué es eso que se adhiere al aire
como una flor de polvo?

¿Qué es el hombre
sino cierta constancia sucesiva
de la nada que vierte
             y que lo vierte
sustituto de su propio caminar?

Tú
que buscas en ti mismo
            ¿qué ves
            qué has encontrado en ti
            más duradero
            que tu propio vacío?

Huye de todo lugar.
Busca refugio
en la intemperie más abierta
en la distancia impensada
allí donde una palabra se renueva
donde se forja tu camino
donde todo regreso es
    llama
     y cobre
     y mar
donde la propia voz es intención y fuerza
donde la fuerza busca un equilibrio natural
    o simbólico
y vibra
  y juega
    y se extravían
     el estertor
      y el grito.

Yo a quien tratan de abolir

En cada luz dormida lavo el alma
meticulosamente gris como un espejo.

En cada luz desvela el arcoíris
la nula sensación de lo que avanza.
Cada ser es solamente aire
que pasa por un tubo a medianoche.

La noche se embelesa y choca y se deshace
entre pequeñas vibraciones estelares.

Mi voz resucitada por un aire
de ascendencia de caracol
pureza reflejada contra el carbón del cielo.

Entre las acacias
     y los globos
     y el dolor
     y las fiestas
se busca ser lo neutro lo que aún no está en sí
lo que se amolda y se dirige y se retoca
pero yo a quien tratan de abolir de una palmada
yo entre los sobrevivientes de la gran catástrofe
anudo a mi pie mi única pisada.

Otra verdad del árbol

En mis venas se enredan
palabras y sustancias
de un fluir impreciso
de un detenerse confuso.

Cada palabra mía
se refugia en el mar
en lo abierto
en lo dinámico
en lo firme.

Y puede aparentar otra verdad
del árbol o del polvo.

Los árboles viejos

Sumerjo la presencia de mis sueños de angustia
con el pie
y paso sobre las tumbas
               de los soldados
que no han caído todavía
los soldados que imitan
a los árboles viejos
en eso de alargar sus
               presentimientos
entretejiendo sombras aún no dibujadas
en el subsuelo del porvenir humano.

Contra el suelo

Y saber que muero siendo el otro
                el diminuto
el cósmico que sueña desquitarse
la nada de ser luz
de ser agua en la ranura.
Yo sueño en la órbita del sueño
lo que sueña mi sueño
                contra el suelo.
Yo dejo de mis sueños
        la pirámide abolida.
Invento una verdad
        que hiela o mata.

La otra vida

Y saber que se olvida
                      una sombra
y su angustia feroz
                o lejana
      bajo el suelo
              que fue nuestra vida
la otra vida amarga de los otros
que consiste en ser espejo
      lluvia
           tinta
                y alboroto.
Fijar alondras en las ramas
y ladridos en los muros
y continuar sin sucumbir
como el cocuyo
      y la maleza.

Ficción del otro

Cada quien aspira ser
pantera o nube y no soñar
o ser como las rocas
una ficción del otro
una emboscada para el vértigo y la nube
una señal inaccesible o excesiva
un desnivel del mar en un reloj de fuego
un pulimento indescifrable de la sal y la sangre
o el agua que aprisiona el eco
      y se desmaya.

Fuego y lodo

El otro
el que no sabe que es mi piel y mi aliento
el que se sueña oruga en la corteza
y muere de su anillo
y de su ardor
el que con viejas cicatrices
se ha marchado
el que anochece sin cerrar los labios
y siente en sus pulmones fuego
                              y lodo
no teme a la tormenta ni al barullo
no calla cuando los otros piensan
ni piensa cuando los otros callan.
Y así destruye la palabra que quiere destruirlo
destruye al pensamiento porque de nada sirven
su aureola y su granizo.

Grito

Yo soy esa totalidad irreprimible
                 que quiere ser puente
                                arena
                                y vendaval.
Pero soy niebla
              y sangre
                      y furia
                             y deterioro.
Grito para poder crecer.
Crezco para poder reír
río para nunca renacer
y olvidar así a los hombres
que son tumbas y aerosol.

A esta hora que las futuras horas exterminan
nadie ve mi altura desgarrada
nadie ve mi ser ni se deslumbra
ante mi antigua palabra de tierra
                         sofocada.
Nadie escucha al viento solitario
                         en la ciudad vacía
Palpo las formas de la noche
                       y me deshago.

Sencillamente

Soy esa sombra que vuelve
      y revuelve
           y convoca
                y destruye.
Soy esa voz posterior
      sin lugar ni dominio
que a todos condena
           y maldice.
Esa voz tenebrosa
vagando en la sangre dormida
del dios putrefacto
a quien llaman con nombre de araña
      de sol
        y de tierra.

Escuchando a los muertos

Entre la prisa
       la miseria
              y la angustia
escucho a los muertos llorar hasta ahogarse
y sus voces neutrales
sin miedo y sin odio
trasplantan la lluvia y el fuego
y entonces me cubro la cara
y maldigo a la noche y al día
y prosigo en lo oscuro
       anónimo
             translúcido
                   salvaje
como vapor que se respira siempre
hasta que los huesos se doblan
y se agotan las células pluviales
       y la luz.

Misterio

Me despierto con un silencio nuevo
que es la luz y la sombra de otra luz
y de otra sombra que es también una
blanca corteza
y una oruga sedienta
      más que el aire.

Brecha

Y roto ya de sed como un relámpago
ahogado entre las hojas secas
o andando por las plazas libérrimas lejanas
donde fueron abundantes
los bazares y los muertos
me pregunto si hay más soledad
en un armario
que en toda la ciudad.

Y digo este color
esta forma
esta sangre sin eco
colgando de una voz que no acaba
¿qué pánico recubren
qué memorias me dictan del último semblante
imperturbable?

No es la brisa invernal lo que eleva
y arrastra las hojas sin pausa
sino la luz
que al bosque vence sin tocarlo.

La lógica bastarda

Los clavos que pongo
en la pared para colgar el mundo
       sostuvieron la pelambre
           de un animal viejo.
Yo grito sumergido
        en el polvo de todas
              las pisadas
soñado en el desquite de la muerte
hueco en el eco diluyendo otros huecos
latido que vierte sobre el llano
su volumen frenético
        amarillo.
No es la noche lo que aúlla o mata
sino el brillo que desvela y acorrala.
Una música mansa nos enjaula
en su furia dormida
que no parece tierra ni locura
y es la noche—digo—
buscando entre papeles
la sombra temblorosa de mi mano.
A veces es real como un resquicio
        la lógica bastarda
el argumento absurdo y sostenible
como sangre
      o juego
      y artificio.

La mano

Escrita o solamente pronunciada
la mano nos permite escapar de la distancia.
Procreando en la noche su temblor y su música
borra los pasos del suicida
presagia los densos colores de la muerte
sin advertir qué cosa es
qué soledad arrastra al viento.
Y mientras sube
              baja
              o se detiene
                      ausente
              una sombra distinta
      la del árbol
            la del trueno
                    el dedo de la ira la señala.
Y al caer en la nuca el golpe resplandece.
La dulce tinta de los sueños cae.
Las palabras se apozan
              se dispersan
              se entrelazan
              al fondo de la mano.
La mano es un conducto de la voz.
La mano que se cierra
no acumula misterios.

Fuga

La calle es un rayo de sol marcando el paso.
La incertidumbre enciende las pisadas.
Mi música más densa
concuerda con la muerte
              y se hace humo.
La mariposa se transforma en eco
            de su movimiento
                    ante la llama.
Divagar en un sueño irrealizable
        como la vida
                oh reencarnado.
    O despertar de pronto
    en otro tiempo
    en otro mundo
y rearmar las partes oscuras de una luz no visible.
    Y huir
    porque son tumbas
    que encallan en el aire los amigos
    tibios ángeles envueltos
    en la píldora de la melancolía.
Oh bífidos acróbatas que cuelgan
de una vieja corbata subalterna...

Amnesia

Hay dormido en mí un grito espeso.
Tiemblan mis dedos al tocar la luz.
Hay otras caras hundidas en el polvo
y máscaras que se amontonan
en el último tachado de la página.

Hay en mi decir la eternidad del vuelo
que a causa de su náusea verdadera
se inflama y se proyecta
               y es música y asombro
               y es ceniza.

Hay un cordel infinito que me afirma
en el que pongo a secar todas mis venas
               ya sin mí
               y mi voz se tizna
                         en el aliento de los pájaros.
Y aparezco ante los hombres como el último.
Ahuyento las angustias del sueño
               en que me espero.
Pongo a secar mis venas otra vez y otra
hasta surgir soñado por demonios y ángeles.

Hojas de olivo

Duda de los que tienen
voz de Pavarotti
de los que piensan
alcanzar una estrella
dando saltos.
Duda de los que guardan
en su mente
hojas demasiado secas.

El río se aleja por mi mano

El río se aleja por mi mano
              como si presintiera
un vacío de sí que guardo dentro.
¿Qué sino un poco de aire negro
y unas huellas que no tienen camino
me destinan ahora los relojes?
¿Qué son el infinito y mi sombrero
sino una blanca música arbitraria
quemándose las sienes contra el suelo?
¿Qué siente el arcoíris cuando pasa el cuchillo
al otro lado de mi cuerpo?
¿No siente sus colores desangrados
            sobre una manta sucia
           y una piel que se pudre
     estática
         solemne
     ante las malvas rocas
           de las cuevas del trópico?
Mi trópico
     mi desolado trópico
     y mi arpón montaraz
     para esconderme en las grutas
     y esperar a los muertos.

Oda al suicida

Negros párpados podridos en el agua.
El sol bebe la mancha del ojo del ahogado.
Revienta en el cuchillo el corazón del mundo.
Mi pensamiento se hace blando
como un tejido de luna en el estanque
y violento como el movimiento
de una mariposa recién desenterrada
de sus miedos roídos.
Mi silencio clava las uñas en el cuello de aquellos
que se asustan del viento y de mis pasos.
Los visionarios saben mentir a las paredes
y decir las palabras que significan "cuidado"
y acercarse a la ventana para ver
que nada puede verse del ocaso.
El fuego se arranca los minutos
con unas pinzas líquidas
que encallan justo aquí
en la nada que envuelvo para fumarla
en la aguja que oxida los cuarzos de la aurora
y en la luz que deletrea el destino
de todo lo perdido.

Ante la noche

Estoy ante el dolor
de una perdida noche
que no logro ensamblar
en este blanco tierno de la página.
Llevo la pesadez del sol
   en la garganta.
Siento que se rompe
   de pronto
      en mis oídos
el ayer de este instante
    tan largo
      tan raído.
Se enredan en mi boca las palabras fugaces
    mientras otras palabras
    todavía negras
   se van transparentando
   ante el largo cuchicheo
   de la multitud.

II

Papá sueña con puertas

Los muertos son de veras
                 misteriosos
     a decir de la gente
     que antepone a la muralla
                 sombras que la rebasan.
Papá sueña con puertas
que abren hacia todas partes.
Puertas enormes que se forman con fuego.
Puertas diminutas labradas por la duda
y puertas de aserción que suelen demolerse
                 a destiempo en la ciudad
                 grave y monótona
a la que llaman sin equívoco "degüelle".
     Es costumbre antigua
     arrojar ceniza al manantial
     para ver si a una transparencia tan diversa
     podría dominarla algún temblor ingente.
Ante cada puerta demolida un sol violeta empieza
con la rueda y con el sable a colocar ladrillos
en la plaza desierta.
     Y una voz que no es la mía
     aviva tres palabras sin sentido:
     empieza con la sed y es la cascada.

Heliogábalo

Él inventó —me dijo— ante un espejo
los cerrojos y las puertas
con élitros de vidrio y calabaza.
Inventó también el sol
con leche y algas venenosas
          y las aceras
con finas quemaduras
          en los rostros.

Él inventó —me dijo— una escalera
a la que faltan los peldaños y el sostén
una escalera interminable
por la que todavía estoy subiendo.

La duda de Descartes

Si pienso que no existo pero existo
                    dos veces en cada lugar
                    como los escaparates de las tiendas
                    dudo.
Si no pienso que existo y no me importa
en qué consiste la insistencia de existir
de ahogar la voz con cera o algodón
afirmando que no existo *todavía*
          dudo de la duda por la cual
            intento no dudar del pavimento.
Si compruebo que mi mano existe
la culpa es de quien ve
cien manos y cien pies.
              Si alguien calla
              yo escucho lo que calla.
Si alguien habla muy alto
                    entre la gente
es porque se ha ido con la muerte
a buscar bajo las piedras
                    una duda inmensa
                    por la cual vivir.

Poesía y desencanto

Poesía es no saber
lo que es poesía.
Poesía no es igual
a pensamiento.
Pensamiento no es poesía.
Encántate bailando
con tu sombra
y el poema surgirá
sin dañar ni entorpecer
        palabra
        impulso
        o desencanto.

Deidad

Si crees que la deidad existe
y luego te convences de que no existe
la culpa no es de esa deidad inapropiada
si no de quien se angustia
por tener las piernas flacas.
Si crees que no es la lluvia
la deidad que te ha empapado
¿por qué llamarla lluvia
               y no deidad?

Si crees que hay detrás de ti
               demonios verdaderos
               te equivocas
los demonios nunca están detrás
y cada uno lleva tu rostro como máscara.

Te apuntan con el lápiz vacío
      con la punta del dedo lleno de mugre
      con la nube o con el arco
      y si fallan
      lo vuelven a intentar.

Ilusión o presencia

De la luz ya nadie duda
        porque la luz se oculta
        adentro de sí misma
        como el hombre
        que se mete entre sus ropas
        para lucir ausente.
Cuando se alejan los caballos
        los aviones
        los lugares repletos de turistas
se desinflan las rocas milenarias.

Cuando los trenes se acercan
        el corazón late fuerte.
Son demasiado evidentes
                camarada
        el olor del pescado
        y el de la tinta fresca.

Pasión por lo distante

No sobra distancia
              a lo dormido —dices—
      viejo
      roto ventanal
entrando despacio
con tu devastación
              fortificada.

Mi alma cuelga de todos
tus clavos de urgencia
              eternidad.

Sensación

En el ojo extirpado
                que la luz ha roído
la eternidad me sueña
                estos harapos.
Miro el mundo a través
del vidrio roto de la noche.
El viento absorbe las estrellas
                más pálidas.
El muro de mi calle
                estira el paso.

Examen de consciencia

Una gota de pájaro
                disuelto
        lodo de la voz.
Empuña anochecida garganta
        el sol sediento
y cruje entre las venas
la podrida madera
                de otros sueños.
        A veces
        sólo a veces
        los perros vagabundos
        lamen a los muertos.

Oda nocturna

La noche en mi garganta
como escafandra o pájaro
            o dilema:
        aliento quemado
        por mi sed.
Las negruzcas estrellas
        beben el alma
            de los muertos.

Cuando se enredan a las ramas
        ladridos verticales
        ni la noche ni el cielo
            son más altos.

Vivir en soledad

Esta noche estoy solo
                más solo que la lluvia
                atrapada en la sed de los murciélagos
                que temen a las nubes y al silencio.

Cuando se está solo
        es posible comprender
        de qué modo es libre
        quien se aferra al deseo.

Quien ata al acto de su pensamiento
        temor y angustia y desvarío
        perfecciona nudos voraces
        que sofocan a las piedras.

Es libre quien no piensa en el pasado.
                        Y libre es
quien gana la carrera a su propia sombra.

La soledad es el único triunfo del hombre.
Tiembla mi última palabra en su ataúd.

La soledad es un retorno
            del hombre
                      hacia el hombre.

Sobre la luz

Cae sobre
        un latido
                ceniciento
el pensamiento vivo
                de la oruga.
Las luces enterradas
        en vagos ademanes
        cubren las cicatrices
                del arroyo.

Inconsecuencia

Una verdad no dura
               o reverdece
sobre el camino propio
               abandonado.

Dualidad y sentido

La eternidad se vuelve
                    para ver
cómo son resucitados
esos loros siameses:
                    la noche
                    el día.
La eternidad se cubre
con un poco de sol
                    en un país
                    por nadie visitado.

Exacerbación

Miro y sólo siento el vacío de mis ojos
                              en las cosas.

Me cierne y tacha
toda expectativa de mí mismo.

Toda la sangre
pasada por un tubo
no sacia las agujas oxidadas
              del hastío
              y la cólera.

Aquí empieza cuanto acaba.

              Aquí
                 se desune
              y margina
              el instante perpetuo.

Traba

El ruido de unas alas
demasiado marchitas
       prolonga el surgimiento
       de la desesperanza.
No hay otra cima que la duda o el mar.
No hay otro espejo que la noche
       pensada por el miedo.
Yo apenas canto.
Yo apenas digo la palabra que duele y alborota.
           Y no logro esconderme
           entre mis huesos
              ni saltar del olvido repentino
        ni destejer las sombras
        que tejen la luz
              en mi semblante.

Magia del ego

Busco y no encuentro
              a quien decir "me ahogo"
me tienta mi persona
              a estar callado
              lúcido corchete del olvido.
      Igual a cuanto surge
      y cuanto pasa
      mi aureola de granizo.
Nos enseña la sal a combatir la herrumbre
y la nube a silbar ante la hierba muerta.

III

El viento

En los deshechos pies
        duerme el camino.
El viento moja sus alas
en la llama del extravío.
El viento
        indescifrable escritura
                de arena
                        en la arena
            pacto herido
                de la palabra
que nos expulsa de nosotros
        eco muerto
                que de pronto
                        resucita.

Resonancias

Crece en la voz el día muerto
muere mi yo lejos de mí
mueren las voces y los sueños.

Hay un exceso de realidad
en cada vértebra amputada.

Sepulto las vidriosas palabras del profeta
la sed de los ahogados como lámpara
el último tictac de parda cola
y el amarillo hediondo de la ola
y todo lo demás que ya es tan poco.

Elogio

Aquí quedó el aliento del sonámbulo
el fétido murmullo
      oscureciendo todo
apariencias que llegan de lo pútrido
            y se pierden.
Cada lugar
    indetermina
        al hombre.
El hombre marcado por su propia oquedad.
Oh los grandes elogios como barcos hundidos
insidia del vagabundo que se ahoga en su sed
eterna transparencia de agua
    que se pudre
        muy quieta
           entre los labios
así las palabras
    del que elogia
        mi grito.
Delirante como el fuego
se yergue la palabra vacío
        ante lo lleno.
Oigo voces
    que vienen de mi voz
    voces
    que al fin
    me han condensado.

La mirada ramifica sus garfios

Indescriptible
       la mirada
              ramifica
                     sus garfios.
    Lluvia
    o lágrima
que el viento inmoviliza.
Sigue siendo mi grito
       la densa
       gota fría
       que impacienta
       el amarillo golpe
              de los sueños.

Oh quimera oh destino

Mejor que mis pisadas
la noche da en el centro
            del mundo
                      y lo estremece.

Los viejos transeúntes
            regresan de soñar.

El silencio despierta
       la fría huella de mis labios.

Recojo verdes pétalos sombríos
y me abandono luego entre mis cosas.

El destino del hombre es pasar.
Y yo paso a quedarme dormido
bajo los trenes en marcha.

Arte poética

Las palabras no tienen
sino un desgarramiento
              voluminoso
un mustio jardín de horas
         y de orejas
                recomidas
                      por el musgo.

El poema no se escribe sino con sangre
y la sangre es un olvido tenue de la lluvia.

Los lugares se arrastran por el viento.

El poema
       brilla
       o quema sin sentido.

Se tachan
       se rehacen
              las partes inhallables.

Las palabras olvidan
lo que dicen
su único pasado
es el silencio.

Sólo falta que yo también me olvide
o me recuerde
que todos recordemos
las cosas que no estaban.

Un día y otro

Negra nube latiéndome de prisa
negras palabras dibujan el sonido
de las hojas caídas.

En mi pecho se quiebra
el sol que sueña el acertijo
la memoria que evade sus triunfos
pájaro que se diluye si lo tocas
si tocas la parte más sensible
de su irrealidad.

Es más oscuro el mundo
si se repara en ello.

Demiurgo

La palabra quebrada
      es un espejo
en el que han metido al hombre
      pedazo por pedazo
¿o es el hombre
          extenso como la niebla
un sueño de algas
        que cruje al fondo?
¿O ha la lluvia ya dejado de mover
sus alas rotas contra el vidrio
de esta vieja ventana así pudriéndose
con todo este mirar que la rebosa
de un vacío instantáneo
que viene de partir
      o de quedarse?

Sucesión

Yo soy el viento solitario
que a la montaña otorga altura.
Y tinta soy del pertinaz océano.
Ante mi fuerza la noche es un suspiro.
Yo soy la sucesión
de lo que viene detrás
conmigo al hombro
y soy esa ilusión de mí
que bordo a las
camisas fugitivas.
Yo soy —dijo mi sombra
       al fuego—
       memoria inquisitiva
       de una flauta
            de arena.

Las redes imposibles

La muerte tiende
     sus áureas
     redes imposibles
sobre el lago inconcluso
      del espejo.
Nadie ve mi cuerpo
      ni mi alma
porque ambos son tan transitorios
       y mordaces
     tan dóciles
     tan cautos como nueces.
Son tan veloces y tan puros
      que ni existen.

Duda

¿Hay un espejo
    en el lugar vacío
        de los presentimientos
            que añoramos?

¿Concuerdan ola y extravío
desesperanza y voluntad?

¿Alcanzará la dicha
lo que no alcanza la flecha?

¿Es el optimismo el brazo de los fuertes?

¿Asoma la desgracia cuatro noches
y la venganza solamente en pecho ajeno?

Oh tú que ante el fruto del cerezo
te obstinas gravemente
dime si no es la duda
            nuestra sola
                    suerte.

Los otros

He seguido el camino
que me impusieron los bárbaros.
Pero muy pronto me detuve a pensar
cómo cambiar mis pasos
sin que lo note el viento.
He huido —dicen— por temor al futuro.
He huido —dicen— por temor al pasado.
He logrado evadirme con mil tretas por temor
a los días del presente —dicen—.
Y yo digo —callado— a la orilla de todo
no es la luz lo que ciega y perturba
sino la opacidad del ojo mal formado.
He dado lo que hallé
              muy tarde
              en mi persona
al otro de los otros
              que componen
mi yo tan diminuto.

La transparencia del río
      no se encuentra
      en sus aguas.

Equilibrio

Estoy cansado y me sostengo
                de mi sombra.
Estoy inmerso en una plenitud inmaculada
que los antiguos sabios llamaron equilibrio
y es por mi voz que vibra cada estrella
porque mi voz
                lejana y misteriosa
dura lo que dura el deseo.
Todo avanza como el ser
y como el ser se pierde.
Mi sombra se detiene indefensa
como un rayo de luz
sobre una piedra.
La piedra busca
                abajo
                en lo infinito
lo que el cielo
        arriba
        olvida.

Autoconsciencia

El hombre tiende trampas a su deseo
y por eso va y viene como un oso
percibiendo y penetrando en la neblina
delirante
        perturbado.

El hombre no se hace
               consciente
de su propio yo
hasta disolverlo
en ese otro de los otros
               tan menudo.

IV

Buitres

Los viejos buitres son como los poetas
de una larga edad: se devoran a sí mismos
y devoran el ámbito de una inscripción
                              ambigua:
las sofocantes rosas que deshojan el pánico
la lluvia muerta que nos resucita
la puerta inencontrable de los sueños
el rencoroso día inacabable
y las cenizas de un mañana retornado
                              a su antigua irrealidad...

No se parecen a ciertos hombres que conozco
pero se alimentan de una misma carroña
y dan vueltas en torno a lo mismo.

En mis sueños una puerta se abre
                              lenta
                    mortal
               y fugasísima
          hacia una aurora
          de quemados
          limbos.

Debajo de la máscara
otra máscara

El rostro se desteje como piedra
la piedra como pájaro que nace
de una cadencia anterior a mi mano
y el olvido como una jaula pequeña
        con dos hienas.

Cruje la mirada:
el eco de mi voz deshila el viento.
Las vísceras del tiempo oscurecido
húmeda luz donde florece el llanto.

La palabra se posa
      irreal
            clandestina
                  suntuosa
en medio de la muerte.

Debajo de la máscara
            otra máscara
                  y el hombre
hueco y dardo frío del entorno a solas
bajo el ardiente armazón del pavimento.

El árbol

No más breve la espera
               que la fuga
redondo el antifaz como la herida
cansado el árbol de ser una sencilla
y estática premonición de sí mismo
         ha tirado sus hojas
               se ha dormido.

La palabra inconsolable

En el mar que yo invento
      con las hojas marchitas
            de la palabra olvido
    hay otros mares que no
          saben producir sus olas.

La palabra es un trozo de niebla
      que sirve de fondo
           a muchas luces inconsolables.

    La palabra desnuda luz ya poseída
                ya deshecha
    es un llanto aferrado
    a las manchas del techo
    que vienen buscando consuelo
        en la forma que oculta
           de pronto
                el pantano.

Pulso y medida

La lluvia hace girar la sed: es un molino.
Se distancia la muerte inundada de pájaros.
El fuego es todavía muy niño para extinguirse.
El aire cuelga de las dos menos alba
como una estatua que olvida su peinado
                          en lo frío del suelo
                          atormentado
en lo precoz del pulso al dibujar las sombras
que me forjan la lluvia
          y la ventana
                turbia mueca que inunda la hojarasca.

La ventana huye aterrada
                por todo el bosque
          como si una voz
                   hipocondríaca y aleve
            lanzara sus cristales al vacío
y sólo se tuviera como propio
               la ciudad
con su torre de clavos
            y guirnaldas
o el cordón de un zapato
            y la conciencia.

Colibrí

Arde
en el movimiento
      de unas alas
y en el sonido infecto
      de la sangre
           el poema.

El poema es el no-ser del ser
           y el ser del no-ser
      como saeta o tulipán
      como armadura giratoria
      de los clavicordios
      que se horrorizan ante toda acción
                  irreductible.

No sueña ni contiene
      pensamiento ni forma.

Todo en él es esponjoso
      y a la vez
           impermeable
      como la voz y su eco.

Poema encontrado en un baño ajeno

Reconstruyo mis pasos
hacia una noche sin centro.
El silencio desgarra
        cauteloso
                la pared
y la llena de un temblor
        tan preciso
             que
              al subir
      no se le siente el espesor
      no se le palpa dureza
            cuando
            baja
      no se le detiene con el pensamiento.
El poema nace de las aguas muertas.
El poema no nace ni muere ni subyace
ni se engulle a sí mismo delante de las fábricas.

El poema es una llama
        sobre el retrato de Lenín.
                Gira
                recubierto
            por las hojas de tilo
        como el rabo del alacrán
    o la cabeza del cerdo.

Momentum

El poema es volumen
        y falta de volumen
    velocidad y risa
        lentitud sigilosa
            del relámpago.
              El poema
arrastra dorados corpúsculos
en forma de palabras imperiosas
que de nada sirven
        excepto
para domar silogismos
a la izquierda de la invariabilidad
            inverosímil
    de la cual uno aprende
        el difícil simulacro espiritoso
hacia la espina dorsal de aquellas voluntades furtivas
    de palacio.
        Uno aprende a sospechar
    de las palabras
entre las encías verdinegras
    que llaman a la acción y al delirio
a sabiendas de los prejuicios auxiliares
de la iracundia de las perspectivas
        más o menos
      cambiantes.

Truco

La velocidad
       con que se piensa
            un árbol
                es menor
                      a su crecimiento.

Las raíces reconstruyen máscaras de arena
mientras la arena atrapa entre sus lisas palmas
gaviotas de impreciso linaje.

            Para los que se arrancan los ojos
      con mis uñas
         la noche
es un huevo transparente.

Turbación

En el poema
        cada palabra
                busca
        medir el tiempo
                de su realización
                        infinita.
El más amplio embeleso
        confirma la firmeza
                no efímera
                      del rayo.
Confirma contundente contienda metafísica
y sucede el temblor como un aroma
        y el polvo sobre el agua
                adorna el grito.

Magia

Desde una alta ventana
digo adiós a los pájaros
frías se amontonan las luces
                        en cada acontecer.
Pero las luces pierden valor
por su abundancia.
Para apreciar la luz y su misterio
hay que cavar túneles profundos
o quedarse un minuto a oscuras
                        sin pensar en nada.
Es la magia intervenida por el canto
esa pequeña luz ineludible.
De mi mano brota el humo del misterio
        única realidad
                del hombre.

Caligrafía

Bebe
de mis venas
      el silencio
           dilatados
                conjuros.
Deletreado muro cabizbajo
comienza su verdor
      extinguiendo
      la prisa con la que marcha
      detenido
          el tren.
Si digo a voluntad de los anillos
            del tentáculo "soy
            los malvaviscos
      caligráficos
            de mi propia
                profecía"
cada palabra mía terminaría traicionando
            al transeúnte
                que persigue
                    a ciegas
a los incendiarios de las ambulancias
      y de los hospitales
para salvar a los hombres
de la escasa necesidad de argumentar.

Sueño

Una palabra se escribe con fuego.
Otra palabras se escribe con lluvia.
Alguien escribe "estoy muerto"
y despierta
       creyendo
             que soñaba.
Los sueños se fragmentan
       deidad transfigurada
       en la boca del tigre ya extinto.
Yo sueño que vivo
       en una casa giratoria
       de cristal o de luna
             en mitad del rocío.

Persecución

Hay palabras que no se escriben nunca
pensamientos que no se cierran
actos y deseos parecidos
       a un ánfora
       a una música perdida
       a un poco de lodo en los cabellos
       a una estalactita
       o a una flecha
               que nos persigue
       más allá del placer
               y de la muerte.

A orillas del arroyo

He inventado cierto juego inútil
cierto destello marginal
o cierto pulso gris
o cierta nada.
Pero también el ángel
se inventa las alas y los párpados.
Y los demonios cantan
a orillas del arroyo
a la noche que los perpetúa.

Abril 1984

Las muchachas muestran sus piernas fabulosas
a brutos comerciantes en el puerto.
Intercambian golosinas
                  retratos
                              y puñales
corrompen los espejos otomanos
y dejan entreabierta la puerta de cartón
                          de la farmacia
a los soldados mancos
                  que llegan del norte
con ganas de matar y de engendrar.
Los soldados saquean los buques y los puertos
y devastan las tumbas
y destruyen los puentes y las minas.
Y al cabo de un minuto
el río arrastra dulcemente los cadáveres.
Hay fiestas en las calles
                  y pánico
                          y silencio.

Vudú

En el bosque
              los lobos
                          y los hombres
aprenden a soñar
              escuchando
la certera
      premonición
              de los búhos.
Sólo temen a las hojas que caen
              repentinas
y a los niños de cera
        que ríen.

Tres hermanas siameses

Tres minúsculos sombreros
sobre tres minúsculas cabezas.
Tres hermanitas contemplan deseosas
      al tirano.
Las moscas son de plata ante la meliflua mejilla
de mármol y el hierro fino de las atenciones.
Una ríe despistada como los niños con piojos
otra llora y se diluye como un sol esclerótico
      de escote celebérrimo
reverdecido por el reflejo del esmalte en las uñas
y la última está seria
    muy seria
      mirando a la pared.
Brotan de los ojos del tirano
     pedazos de lona fresca
      y pétalos de orquídeas flotando en la bañera.
        Las tres hermanitas
lamen las cicatrices del mármol separado
     de las columnas innatas
   y una risa de amapola epentética
      es recortada por las tijeras
    del agua.

Y las voces arden

Se oye respirar a los muertos
                    inquietos y puros
                              detrás del bastidor.
El rojo vestido de la reina
            se ha rasgado.
Un poco de suspenso en cada alcoba.
La diadema está en llamas.
Las cortinas
        los muebles
                los cerrojos
                      y las voces
                              arden.
Arden también el cielo desairado
y los pájaros que bordan
una luz dispareja y brutal.

Papel quemado

Escribo desvelado
        estas mondas palabras medio rotas
        sofocadas por el color más puro
            el de la sangre
contra el eco
        de un dolor
               pasado a limpio
contra la magra rasgadura de mis pómulos
y los redondos ademanes de George Washington.
                Escribo
           mientras nado
         desesperadamente
en las charcas termales de los buques hundidos
más pálido y rollizo que los acróbatas sin brazos
que quieren abrazar y reír y morder y soñar.
A veces el mar se inclina un poco
para hacer rodar a los cautivos.
Las hojas polvorientas y opacas revolotean en otoño
sobre vuestras cabezas desprendidas.
Se insinúan
        las líneas
             en el papel
                 quemado.

Fijeza de lo ausente

Pisadas que se borran y circulan
como sonoro sinalógico soplido
por las venas alternas de los magos ingleses.
Noche caída sobre sí como si fuera lluvia
        como si fuera pájaro
                o ceniza
        como si fuera lo que ya no está
        lo que no estuvo ni estará
        como si fuera nuestro rostro
        urdido por la duda o por la peste
la duda verdadera de Voltaire
la duda enjuta de los prisioneros de Bolivia
la duda carnicera y miserable
que repite a los hombres y a las cosas.

Fósforo que lame ciegos párpados
                    fijeza de lo ausente
Todo se aúna en nuestra simple
                    testarudez sonámbula
la cual perfora los tinacos al mediodía
para que puedan escapar los monos de Shanghai
las pitonisas ebrias de Malasia
los ciclistas barbados de Venecia
y aquellos muchachos paranoicos de Manhattan
que escriben cartas de amor a lo Rimbaud.

Espejo

Hay dentro de lo que sueño
      un yo distinto al mío
parecido a todo lo constante
y silencioso del pasado
incierto como la muerte
      pero firme y real
           como las nubes.

V

A fuego abierto

Extraigo de mis pesados párpados
                    estos pájaros
          que el viento desorienta.
Acontece la inevitable fuga
          del descarnado incordio
                    que nos obliga a pensar
          una misma palabra muchas veces
          y un mismo fuego de coral soñado
          por los gnomos de paja que revientan
          dentro del huevo que fue agitado en demasía
          por las luces de los barcos invisibles
          que mi mano dibuja inquisitiva
          para que ese mismo pensamiento
                    se disloque
          se rompa
          y se vuelva a romper
y con sus pedazos hacer de nuevo el día
el solo día que no llegará sino con los disfraces
                    de otros días más puros.

La rueda del Saṃsāra

¿Pensar la noche
            que destina
                      el desquite?
Pensar magistralmente
        en las estatuas nómadas de hueso
        en las pieles licuadas con café
                    a medianoche
        sorber la tinta espesa de los astros dormidos
        y dejar que el pensamiento interrogue
        a la duda con dardos de papel.
Pensar a contragolpe
            bajo el agua
        y decir que naufraga
                la anchurosa angustia
                      del monarca.
¡Cómo envilece el polvo
            a los que van descalzos
                      camarada!
Pensar contra la noche todo el día.
Pensar contra las hojas todo el árbol.
Pensar contra la lluvia todo el fuego.
Pensar contra los párpados y el sueño
y actuar contra la voz y contra el viento.

Vacuidad

Pensar causa ansiedad o descontento.
Pensar a veces reestructura el alma
y permite que la nieve apasione
                        a los sonámbulos.
Yo limpio mi cabeza de todo pensamiento
y digo que toda acción es miserable.
Los trenes y las nubes retroceden si yo pienso
iguales sensaciones o imágenes.

Pensar ante un cadáver
lo que el cadáver piensa
de la muerte y de la vida
                        inútilmente.

Y luego alzar los brazos y correr porque llueve.
Y decir que pensar no estructura la acción
ni la controla.

El primer día de escuela

Esto me dijo mi madre
                el primer día de escuela
cuando una pena inaudible
                me inundaba por dentro
y yo lloraba por temor
                a quedarme solo
ante aquella multitud desconocida
                apática
        uniforme
    sin realidad ni asombro
y sin memoria:
ser niño para embrujar serpientes
o serpiente para confundir a los niños
con sagrados cactus y baba de caracol.
Ser niño como los gladiolos y los hipocampos
y ser para el naufragio las hélices del barco
                    y la pedrada.
Ser es actuar en consecuencia
como las moscas persuadidas
o los trapos de colores en los ventanales.

Ante un espejo

Sentir lo que un latido deja
                en nuestro pecho
                así descascarado
                     lento
                     insomne.
Y ver que en el espejo
                sólo hay bruma
                     y podredumbre.
Esta sola palabra
                subvierte
                los espejos caníbales de almíbar
                las abundantes olas patizambas
                los trenes con sus trenzas
                          esperpénticas
                de regia servidumbre
                y pegajosa iracundia monocorde.
Sentir y no sentir son absolutos
pormenores del acto y de la fe
                de la fuerza
                       y de la inercia
que protegen a los débiles
             malsanos.

Ante las hojas caídas

Las amarillas hojas del almendro
                           cubren
                 poco a poco
            los cascajos parduzcos
       de Gomorra.
El sol pinta las hojuelas
                 de los techos de zinc
mientras una bandada de gaviotas
                       atemoriza al arcoíris.
La solemne soledad inventa
           bermejos trucos de acrobacia
                  para dar robustez a las promesas
           y perfección
           y sebo de mandril a la pereza
                    a la neblina.

Mariposa

El latido que se esfuma
sobre el cristal
es una mariposa.

Su vuelo incendia
        el aire.

Escalonada y el mar

Bajo los viejos puentes
de acribillados horizontes
         soñé y construí
el diminuto infierno
         de una esperanza.
No albergo sino llagas
         quiméricas
                horrendas
                      y sutiles
pasajes del porvenir
         de cada ser.
Veo en el cuadrado de la mesa
los turbios atributos de la ola
y veo cómo el mar asusta
         con su barba violeta
a cóncavos navíos que amenazan
         desde el norte
                a los cangrejos disparejos
         de las frases cobrizas
                de mercurio.

El ahorcado

Allí donde unos hombres
                descuartizan la luz
              que los contiene
el mundo es más real
            si yo lo nombro.
Allí junto al jardín de plata de los sauces
              una sombra se mece
                      solitaria.

Eternidad

> Elle est retrouvée.
> Quoi? L'Eternité.
> C'est la mer allée
> Avec le soleil.
>
> ARTHUR RIMBAUD

Encendida la llaga y casi negra
en sus bordes que asumen
la expansión del rocío.
Se desprende de un largo aleteo
de sombras lejanas
      ¿qué? la eternidad
sobre la mesa
      del cirujano
      tiesa y pálida.
La luz se ahueca y descascara
en cada nervio
en cada sitio hay algo
de la eternidad
que el hombre no puede
            abarcar.
Hay algo de la muerte
      que jamás se
      sospecha.

Por la luz exorcizado

Es una sombra trémula
               mi mano.
Me desquito la muerte
en el naufragio eterno
de la entrega y la fuga.
               Y reaparezco
               sereno
               transparente
                       vertical
ante los escombros
               de un tictac
por la luz exorcizado
pálida libélula
de los remordimientos
               absolutos.
Es una sombra trémula mi mano
                           digo
               en virtud a la humildad
que es comprensión
               y fuerza
               y abandono.

VI

Hablar solo

He aquí la luz
                que yo formé
con gotas de mudez
                y parpadeo
un abismo diminuto
                como un bicho
y el odio
en breves dosis
        para cuidar
               la postura.
Hablar solo entre la multitud
            mientras la luz
                    pequeña y débil
          arrastra las palabras
                y las borra.

Exigencia

Se apolillan
        mis manos
                y mis ojos
y las hojas del tabaco
reproducen la niebla.

A los espejos no se los comprende
con adherirse a ellos
como a muro sin goznes
                reforzados
                y múltiples.

Hay que romper la voz
        con todo y eco.

La mañana

Como polvillo blanco
entra desvelada a nuestro cuarto
                    la mañana.
Los perros ladran afuera
            al sol bravío.
La mañana se instala
        en un ojo que se cierra.

Al cabo de mil siglos
        ¿habremos despertado?

A los amigos muertos

Volved amigos
volved desde la muerte
con vuestras lámparas
que hacen perdurar la noche.
Volved como otras veces
al lugar de la angustia
y empezad de nuevo el canto
marginal de cada día.
Volved amigos con vuestras palabras
que son soles más diáfanos que el aire.
Volved con vuestros sueños al encuentro
con las ninfas estelares
y verted el vino sobre el polvo
de los patios nocturnos
donde alguna vez
escuchamos nuestras risas
retumbar entre piedras.
Volved a acariciar los cuerpos
de las náyades dormidas
que sueñan con aullidos
y buques desolados
y escriben con sus uñas
pensamientos de acero.
Pero si allí donde estáis
estáis contentos
y bebéis sorbo a sorbo la noche

que he guardado en el bolsillo de mi frac
como un pañuelo blanco
                deshilado
olvidad como olvidan los perros
sus ladridos primeros.
                          Olvidad amigos
                y olvidadme
            que la noche no acaba
                      donde empieza el poema.

Este canto indefenso

Desde el principio
              del mundo
hablamos solos
              entre la gente
              que va y viene
                que va y viene
mientras el aire enrolla
este canto indefenso
              primitivo
                  o mortal
como una foca occisa que relumbra
        como dardo
              como arcilla.
Como una foca occisa
que relumbra—he dicho—
      y está claro.

¿No se oye al viento nocturno
            retumbar cuando pasa?

Reencarnación

La sangre vuelve a soñar
                la melodía del espejo.
El ojo en la cumbre
de las lanzas ovilladas
                pacto de la memoria.
        Todo triunfo nos arroja al dolor.
La verdadera hazaña consiste en no tenerla.
Un día lamer el ojo abierto
de la pantera más sedienta
y luego sentir que nos devora el aire desde el fondo.
                Todo es dolor y náusea
ante las trampas del fuego de la concupiscencia
                noctívaga
donde se aviva el remolino de las causas evaporadas.
    Yo
        contra la certidumbre de los pianos pluviales
cuyo prejuicio perfora
        gota a gota
        los cerrojos acérrimos
                de la melancolía megalómana
no quiero ya triunfar en nada
        ni en la peripecia del hierro pretencioso
        ni en la magnitud del ebrio barro bárbaro
        y ni siquiera ya en mi propia
                ruina.

Fábula del hombre y la piedra

Para mi hermana Melania

El mundo está al revés
con su pijama de piedra
cantando una canción de piedra
para el despertar de las piedras
cuyas conciencias de piedra
petrifican la luz que las nutre
de un calor sagrado
              como de piedra
que aprende de la piedra a soportar la vida
como si la vida cobrase la forma de la piedra
y compartiera con la piedra
los secretos profundos de la piedra
que se echa sobre el hombro de la piedra
para llorar lágrimas de piedra.
Y piedra a piedra se deshace
en la sombra de la piedra
la piedra que fue piedra
antes de la existencia de la piedra…

Fábula con fondo blanco

Para mi hermana Teresa

Todos los colores son blancos
con excepción del blanco
que no es blanco sino sólo por dentro
como la cáscara de un limón.
Si las paredes son blancas y ahogan
es porque el sol con su acero inaudible
pinta de blanco las caras de las niñas
       difusas como armarios.
Si son blancos los muros de los templos
es porque ha llovido en demasía.
El agua borra todo cuanto pesa
   en las almas.

El blanco sueño

Si sueñas
tu sueño es un sueño blanco
como los sueños del agua
en primavera.
Aquí donde te escondes
los colores intercambian
sus formas y trayectos.
De ese modo
se protegen de las falsas opiniones
que también son blancas
              y asustan.

Fábula con fondo negro

Las palabras son blancas o negras.
Pero a veces no son blancas ni negras.
Tienen como ciertos amigos
                        palidez y desentono.
Las palabras son luces vertebradas y opalinas
pero las luces opalinas también mueren
calcándonos la voz contra el lavabo.
Representan la ausencia
        y nadie —desde la propia
        ausencia— las oye retornar.
Cuando nos acercamos a los muros
        para escuchar a las ratas
              mascando en el vacío
los huesos se nos quiebran
y se nos corta el hilo del asombro
                        y la risa.

VII

Momentos infinitos

Hay que pulir
      con limas de cristal
el blanco rosáceo de las piedras.
Hay que subir al cielo
      con una escalera de barco
           y bajar luego
                sin pisar
                    los peldaños.
Hay momentos inagotables
en el que uno quisiera asesinar
a quien pregunta en la farmacia
      por su ser asqueroso
      y por su sombra huesuda.
Sin embargo crece en nosotros el tormento
      que se resbala
ese tormento audaz de zapatilla anclada
que da risa y golpea con gran fuerza
nuestras sienes violentas
      oh vicios
peceras desolladas por duodécima raíz vertiginosa
¿por qué perseveramos en nuestro yo constante
      y vivimos
           y soñamos
                y reímos
hasta que se resquebraja nuestra máscara?

Medianoche

Cuando subes y bajas y te pierdes
la luz sube contigo y no se oye.

                     Cuando bajas
ya no necesitas de la luz
para soñar o morir.

Cuando te tiendes junto a mí
                     el día se devuelve
para inmovilizar a la noche irrefrenable
y la noche no sabe continuar ni quedarse
y se deshace con tus gritos
y se nutre de aquello que te inmoviliza
                     o atormenta
más que las mariposas y los cactus.

La cama de Procusto

Mis amigos son altos
     y alegres
         y gentiles
como augustas montañas
         tropicales.
Me acogen
   cada vez
      en sus mansiones
donde las alfombras
     lucen limpias
y abundantes frutos
     adornan una mesa.
Me ofrecen una cama
   con almohadones
      de plumas de ñandú
y esperan entusiastas
   la bonachona llegada
     de Morfeo.

Los días pasan como mil canciones
         y a mí
     solitario
mis huesos me dan pánico.

Hartazgo

Si digo que el dolor es blanco
es porque son blancos los balcones cerrados.
Si pienso en un espejo roto navegable o desértico
es para decir lo necesario
        lo dispar
        lo multiforme
y porque ya no puedo más con tanto pedalito
y tanto abrojo.
Si digo que son cera y vidrio los actos uniformes
y que calcas mi voz con deterioro y avaricia
        oh cúpula
es por la liebre muerta en el jardín desierto.
Las moscas y los cuervos se cruzan
de brazos para verter su baba
sobre la luz terrosa y necesaria
pero el viento es astuto y desigual como el granizo
        y espanta y estrangula
a los que siempre están pensando en vano.
La sangre sobre el colchón ya roto se ha espesado
        más que la saliva y más que el cielo.
Y si no digo más ante estas algas góticas
        por dúctil parsimonia cómplice
                bastarda
        es porque pensar decir apesta.

Subterfugio

Por dentro de mí
el mundo es blanco y negro.
Pero por fuera es negro y rojo.
Y es negro el sol
y blanco el estupor.
Más negro que lo negro.
Más blanco que lo blanco.
      Disparejo.

Aparición vespertina

Hacia dónde partir de tanto estrago
demoliendo el instante y la caída
recorrido mil veces
por un enternecimiento de la luz
pleno cuerpo rehecho entre mis lágrimas
amarillento estuche de los huesos
en el que guardo el mundo
      y me apuñalo
            y grito.
¿En qué paraje del espejo
      hallar un hueco
            una salida?

El retornado

A veces los colores reflejan
ciertas formas ancestrales
que resuenan como lentas pisadas
                sobre el bulevar.

Voy desde los otros
            retornado
los otros que se apozan
y disgregan en mí
como una selva errante.

En esa vasta selva donde deambulan
        a veces
        las tinieblas
es negro y rojo el blanco latido
        de la corza.

Densidad

Cada día en el mundo
se apaga un sol más alto
y otro sol más huraño
              va naciendo
en lo recóndito del pecho.

Cada día en el mundo
morimos de perennidad
y cada vez
en lo oscuro de la memoria
algo se vuelve denso
              al disolverse.

Alto contraste

En la ciudad por donde andamos
buscándonos tal vez entre papeles
                      y neblinas
el ruido y el vaivén de la gente
la prisa y la ansiedad
        entorpecen
                aturden
                        desesperan.
Mientras la noche arde
                y el cielo
                y la escalera
                y la brisa
                y los escombros
terminan asfixiando
        y orillando al mar lejano
los murciélagos extienden
        sus alas esponjosas.
En el bosque
        en lo sagrado
                se recobra el amor.

Azul y negro

En el azul del ojo
se agiganta una sombra
también azul
porque es azul la sangre
de los peces con lepra
y es negro muy negro
el frío parpadeo del
                    ahorcado.

VIII

Una ola

Infantiles cadáveres despiertan
                  del asombro a la ruina.
                            Yo canto.
                          Yo tengo el impulso
                                  la contención
                                          y la forma.
El azar se distancia para unir
a prófugas cadencias
              el murmullo
                        impensable
                                del relámpago.
Por lo insomne de la ola
          lo fugaz de la ola
                    lo recobra el tormento.
Lo que busco se ha ido
          en lo inmutable.
La palabra es un retorno
              a lo que somos
                      no a lo que seremos
          más tarde
                  en otra vida.

Otra ola

La ola que aquí ves es otra ola
más grande y colorida
que una flecha certera.
Me preguntas si el cielo es un dedo cortado
o una ola de pedal
que avanza en sentido contrario.
Como los ecos de mis pensamientos
chocan mis palabras
con la luz del sol cada mañana.
Mis palabras no deslumbran
a los hombres distraídos
               o cobardes.
Oh nubes narcóticas inflables
               flamables o limítrofes
allá a lo lejos se vislumbran
                   soñadoras
las pelucas reprimidas
               definiendo sombras
dibujando espuma
             calcando remolinos
                   y cangrejos.

Antidelirio

En medio de tanta pompa oscura
                        a la intemperie
dorando con una luz inversa
los reflejos del agua
            cantas
                    solitario
            sin saber lo qué cantas.
Buscas bajo el ciprés talado
entre las piedras romas
en el confín parduzco
de los setos humillados
algo más firme que el temor
                    o el sueño.
Ante ese mar amnésico de pasos vigilados
redundante y mortal como
                    un reloj sin dueño
recobras la inocencia del hacha
        y la pureza del golpe.

Disgresión

Una ola se disfraza de sombra
una sombra reemplaza la nube mortecina
las nubes sofocan al viajero culpable.
Una niña dormida atraviesa la luz
                         y la luz sangra.
Hoy es domingo
      y estoy muerto.

Los perfectísimos

Como arruinadas alcayatas futuristas
como herrumbrosos candelabros pertinaces
como púas inservibles
como cascada arrolladora
como fijar la noche al grito desahuciado
      se inclinan
            y avanzan
                    libérrimos
por los patios llenos de abrojos y de grillos
con el alma colgada del pellejo
doblando el pensamiento cuatro veces
anulados por el miasma
      de sus cráneos
      tan leves
      tan gozosos.

Festín de invierno

Las ratas y los hombres
traman iguales cortaduras
                        y reparos
con aviones de papel
al ras del rascacielos que imaginas.

Remordidos por rumores
                        de otra orilla
cubren afanosos sus rodillas con gusanos
y es entonces cuando el viento
dispersa sus cabezas incubadas
por el lento bosquecito de bambú
donde yo
        muerto de risa
                bebo el vino amargo
        a la regia salud
                de Mefistófeles.

El ermitaño

Yo vivo en una vieja cueva
entre murciélagos y trapos de algodón.
Soy feliz como el cuchillo
                      que se adentra
para cortar los hongos sagrados
                      del subsuelo.
Rodeado de piedras blanquecinas
y legumbres putrefactas
rara vez bosquejo luces más inciertas
                      e inmediatas
pues las luces no son del todo hermosas
y por eso no me importan tanto
                      como el mar.
Prefiero los cangrejos
porque ven hacia el pasado
y me avisan del peligro
                      de las cumbres
y de aquello que invisible intenta reducir
las mayúsculas a fondo de botella
y el sol a piedra chata con ranuras rutilantes
tan perfectas como ramas o pirámides
                      pulidas
                      como el cutis de Afrodita.

Esquema para una elegía

Las flores de papel
        huelen a tierra
                y a espuma de cerveza
        a párpado nublado
    a escuálido alboroto.
Las flores de papel
        no dejan de crecer
                y son tan blancas
                      y dulces
como el barco
        que se ha hundido
                lentamente
                      en el florero.
Así se perfeccionan
        contra todo
                el pómulo
        y el cero
                a martillazos.

Tornasol

Si has de pintar tu corazón de blanco
                empieza por el primer latido fuerte
           pero antes
              borra
         con la punta de la piedra
     el firmamento entero.
Si has de pintar las flores del florero
que sea de un color más blanco
que el blanco del pedernal.
Pero no digas nada ni a los dioses
ni a los muertos
porque ni los dioses
ni los muertos saben nada
     de lo blanco
     de lo negro.
Si has de pintar tu voz interminable o bella
escoge antes el color preciso.
    Los mantras cansan
    nos saturan la blancura del cisne
    y el rojo tangible de la nube ignorada.
Nos impresiona
        a veces
        la risa compasiva
            de los budas del Tibet
que son novecientos noventa y nueve mil monos
    adentro de un tinaco.

Consejos que me doy

Si has de pintar la luz
                con música
dibuja en un cuaderno
                cuatro ánforas sagradas
                              y llénalas de vino.
Si has de beber en soledad
el vino dibujado con cautela
bébelo sin prisa
                en abundancia.
Embriágate y fornica
        a la luz de la luna
              entre los lobos
                      en el bosque.
Y duerme hasta que el sol arruine
la blanquecina piel de los conejos.

IX

Cadencias milagrosas

Un oscuro perderme
               en lo que oscila y canta
                                 reverdece.
Se hace llama este día.
               Incoercible
                      disgregado
el mundo sigue atado a mi voz
                        se desmorona.
Se tacha la palabra sombra
               la luz queda.
Se extingue el último minuto acorralado
por el largo bramido del yeso y la escafandra.
Los residuos de papel elaboran
cadencias milagrosas
          para reyes bermejos como aortas
          cortadas por cernícalos o duendes.
Yo armo el juego de nunca acabar.
De todo me desquito el instante precoz
                       de la avaricia continua
                          a quemarropa.
Olvidar es una forma de crecer.
Tú creces en ti y fuera de ti
pero el mundo no puede ver tu crecimiento
tu tamaño no lo puede medir el tiempo.

Presunción de literato

Esos niños profesores
que se engrasan la corbata
y se encorvan como ratas
para dar explicación a la salmuera
arruinan uno a uno cada sustantivo
por dar al adjetivo tanto pámpano.
Acribillan cada verbo en plena embocadura.
Se adjetivan bruscamente
las costuras de los párpados.
Los que van y los que vienen
son espléndidos faroles
destruidos por las olas
de un destral imaginario
por un dédalo de vidrio
por un ánade sin plumas.

Desazón

Van quedando
los charquitos empollados
       como ropa desusada
       como cercas inservibles
       como vómito esparcido
              a lo largo del sillón
y entre los charquitos
sorpresivas las miradas
              de un coyote
del que nadie puede hablar
       sin distracción
porque una voz es agua
y otra es sombra o fuego
       y todo lo que sobra
              es ruina del tropel
como cuando nos viene
       a visitar la muerte
              y ya no estamos.

Cayó Cleón

Cayó tan bruscamente la noche
                         sobre el monte
que se aplanó el asombro vespertino
       con el que pintaba los árboles
       el viento.
Debajo de mi brazo había un reloj
                            de arena
                            y se rompió.
El mar estaba lejos
       oculto entre faunos
            maniquíes
                 hormigas
                     y paraguas
         como un pañuelo blanco
               como un terror sin fin.
Cayó del ascensor mi sombra
                 perturbada
       por túneles silentes
           que no terminan nunca.
Se rompieron las gafas de papel
               sobre mi cara
               y se astilló el omóplato
                     Cleón.

Invasión nocturna

Los buques ocuparon la bahía
                   de modo tan bestial
que todos los que allí estuvieron
                         dejaron de reír.

Las nubes perpetuaron
            reflejos en desuso
    y fueron agolpados
    contra el seto
            los ruidos extenuados
que son como piruetas de un Nerón.

Los colgaron de los caballetes
de las casas
y arrastraron sus cuerpos
                desprendiendo
sus brazos y sus piernas
como quien va descuartizando
los átomos de cuarzo de un trozo de papel
               bajo la lengua.

Cantaron los poetas tantas loas postreras
a los buques de cedro que se hundieron.

El sermón de Sansón

Escondieron mi cadáver
     debajo de mi cama
        y yo
     que era de acero
        fingí que me moría.
Afuera estaba el sol como volcado
        tieso
        amedrentado
sobre una manta roja
     pero no era el sol
        que conocemos
   sino los espejitos rotos
        de mis dedos centauros
alumbrando la senda que nadie ve
     de noche ni de día
alumbrando palabras escritas al azar
     para que el sol comprenda
        que la luz
        toda la luz
        nace del grito
   y que subyuga más
        quien más
        se ahoga.

Miedo en casa

Los días de lluvia ayudan al desánimo y al pánico
extendiendo poco a poco una mancha oscura
                                      en la pared.

También en las cortinas hay manchas horrorosas
manchas que parecen brazos musculosos
cuerpos que se arrastran sobre arena
como celentéreos cerriles y bicéfalos
con pinzas progresivas como el cielo.

El miedo se acelera con los pasos
de la gente que vaga en la ciudad
                         casi invisible.

No se oye nada salvo el viento
que sube hasta las palmas
sin dejarse aturdir por una voz ausente
que es tal vez la mía.

Me acerco a la ventana para ver los paraguas
que tristemente cambian de bruma
                          y de espiral.

Difusa descripción de una batalla

Umbrosas gárgolas orgásmicas
omnívoros desagües ulteriores o galácticos
viscosas válvulas bifrontes
verticales rectángulos en llamas
el hombro y la quijada entre
        desechos
                párpados insomnes
la palabra indeleble también desajustada
la escalera colgando del rocío
        y yo
    occiso
entre este vértigo
        y la anchura del mar
              que cruje de ola en ola.
        Así
        echando tinta
en mi sombrero desfondado
        rompo la luz
              para crearla.

Definición de claroscuro

Un prístino temblor
contra la costra dura del espejo
el vaso que se rompe en nuestra mano
y queda misteriosamente suspendido
entre la rápida silueta del relámpago
                        y la noche.
Las hormigas persiguen
                cierto rastro perdido.
Ceden el paso a ciegas
                salamandras invisibles
por devoción a las pardas
                cascarillas de huevo.

Los zapatos de mamá

Para mi hermana Wendy

Mamá se había calzado unos zapatos nuevos
que brillaban de noche
como luciérnagas de plástico.

Ella los hizo en un instante
con hojas de almendra
         y cintas de colores.

        Así
        entre latitudes latentes
        y amorfos camafeos
nos rodearon sombras
         desoladas
             ulteriores
que los urogallos bicéfalos
        del extramuros
        limpiaban con sulfato
        y vaselina.

De todo aquello me queda ya muy poco:
      la mecha de una vieja lámpara de losa
      un trozo de algodón ya negro
      el olor de la cuaba
      y los viejos zapatos de mamá.

El chamán salvaje

Yo escuchaba crecer
desde lo más profundo
un silencio siniestro de aserrín y fresa
y me moría de frío en la ciudad
que imaginaba al otro lado.
                                        Los cocuyos
                          adentro de mi piel
         soñaban
      con salvajes colores
y puntas de cuchillo.

Era la hora de la venganza
para el chamán huraño y despiadado.

Las brasas dibujaron ocho cráneos
                  sobre la falsa arena
      y el claro cielo
      se cerraba en lluvia.

La casi urbana oscuridad

La mucha distracción
       me alborotaba el sueño
             y la palabra toda oscura
                 era selvática
            casi obsoleta de tan rara
                     cristalina.
Nadie escuchaba entonces el resuello
de la brisa escondida en el pañuelo
nadie presintió los pasos de quienes se marcharon
y retornaron con el vendaval más enraizado
entre uno y otro destello insospechable
entre la urbana dilación
que congrega y humilla
y la concordia que al hierro
                bajo el agua
                      fortalece.

Nota para piano

Cantando así
        pausadamente
                a solas
                        por el bosque
cantando y conteniendo y elevando
la cornucopia de centeno de los vértigos
        se angustian
             y se mondan
        lujuriosas
             las piedritas
                  al fondo del zapato
pero tan disímiles y graves y traspuestas
        tan redondas y puras como ratas
        verticales
        y lentas
            y salvajes
como frotar contra la luz
la frondosa oscuridad del día.

La risa de mamá

Para mi hermano Marcio

Era más joven aún
        que las acacias
                mi madre
más resuelta que la hierba crecida
        no paraba nunca de reír.
Reía porque sí
    porque la risa
es como arrastrar la voz
        a lo largo del pasillo
para que el viento empiece
el cielo con las palmas
y traiga al día siguiente un sol
que alumbre más.

Mamá en su juventud soñaba
con palmeras y barcos y bisontes
soñaba por soñar como los pájaros
y cantaba canciones inventadas de prisa
ante el fantasma de Goliat
       y unas sandalias blancas
             de conejo.

Puro margen

Para mi hermano Luís

Largo tiempo vivimos a la orilla
　　　　　en la ciudad sitiada por los bárbaros.
　　　　　Allí
　　　　　cerca del cierzo
　　　　　que marca el huracán
　　　entre matorrales cercenados
　　　　　　　y palomas transparentes
　　　en una casita
　　　donde estaba ausente
　　　la voz multiplicada de papá.
　　　　　Allí se amontonaban los lujos
　　　　　de la simplicidad remota
　　　　　y melifluas melodías conspiraban
contra la más irresoluta firmeza inmarcesible.
　　　La tarde repasaba
　　　con cascos de botella rota
　　　el suave firmamento de los patios pelados.
Los perros dibujaban en los muros
aullidos disparejos que angustiaban
a los muertos distantes.
　　　　　Yo
　　　　　pequeñito
　　　　　olvidado
trataba de comprender el drama venidero
　　　de las frentes perplejas
　　　de los comerciantes de carbón y *cuaba*.

Mi tortuga y yo

                        Allí
entre dos cañadas rocosas y negruzcas
en los altos cerros amarillos
        donde las hormigas
                deambulaban
                        como ebrias
y se empezaba a definir
no sé qué voluntad
            qué abismo
éramos felices
sin saber por qué.
Y sin poder decirlo y sin pensar
se tornaba más y más oscuro
el roer de las ratas en los patios cercados
            y a mí
            que era de goma
        no me asustaban ni los muertos
            ni las ratas
                ni el infierno.

Está lloviendo

Teresa y yo mirábamos a Unpín
remover contra su voz
las hebras de un molino de algodón.

Mamá peinaba el largo pelo de Melania
con su vestido azul tan blanco
como un céfiro escarlata
cuya forma por dentro
es una música indeleble.

Pero empezó a llover temprano
y desde entonces
está lloviendo allá en el cerro
donde el sol es aplastado
por su propia obstinación.

Melania y las miosotis

Melania se colgaba unas miosotis en el pelo
que eran del todo imaginarias
pero yo las veía a pesar de la lluvia
y a pesar del viento que mezcla las palmeras
                    a la trama perpetua
                              de los ojos.

Era su cara tan redonda como un vidrio:
se cuarteaba cada vez que respiraba.

Con su vestido de rosas y palmeras
se la veía siempre a solas
conversando con lagartos y mosquitos
o saltando en el patio hasta poder volar.

El sueño y su revés

Los días se pierden por la cuesta
para que pronto reparemos
en eso que se ausenta en nuestro ser
               igual que las raíces
que sueñan con la altura
soñamos por cautela o privación
un risco y su cascada
un ceniciento búho
que da vuelta a su cabeza
               para vernos soñar
mientras la sed nos ata
al firmamento níveo
y acobarda con su túnica tétrica
               y nos inquieta el monte
               más que el hacha.

Signos son de brusca brevedad

El fuego esparce la mitad de un grito
y choca con mi sombra desgarrada
la cuádruple mimosa que va ciega
entre células carnívoras y amianto.

Signos son de brusca brevedad
la celidonia y el cernícalo.

El viento perpetúa su evasión
su máscara suntuosa y subconsciente
como si proviniera de un solemne dramatismo
                a lo Van Gogh.

Entonces lo delata la corriente
                el frenesí
                la aureola ensimismada
                en su rodeo.
Alguna perspicacia cóncava substrae
y quema al girasol
        con su gimnasia perentoria
        avasallante.

X

Vacío y perfección

En virtud de que el árbol ni la piedra
son entidades con naturaleza propia
ya que son mediaciones del vacío
conforman la unidad del vacío
y al volcar la sustancia del vacío
sobre un suelo amarillento o negruzco
causa del vacío de la piedra y del árbol
                       nada
       ni siquiera las palabras
       ni el viento
       ni los mares
       ni la noche
              llenan el vacío
       de los elementos.

Y es que son apariencias la luz y los cangrejos
y las invariables resonancias esquemáticas
y el doble pensamiento ineluctable.

              Y los pequeños conjuros matinales
          conforman esencias dependientes
de otras esencias menos puras
       y terminan sofocando
              la ubicuidad del tallo
       y la leve densidad
       de la semilla.

Finito e infinito

Porque todo es eterno
                y nada se termina
        los pájaros van
                de sitio en sitio
                      buscando
                      alimento y reposo.
Los muros crecen sordos como aurigas
junto a largas avenidas sin pavimentar.
Lo que parece muerto está nutriendo
su propia metamorfosis
                      bajo los regímenes
de un espasmo natural inconsciente.
La orilla va a la orilla para formar su centro.
Es en los márgenes donde el mar se complica.
Yo soy ese margen que se forma del fuego
y soy esa subforma que adelanta el rigor.
Todo margen colinda con la esencia inmanente.
La máscara y el barro
con los cuales fabricamos
infinitos átomos prelúcidos
convierten las paredes del cenáculo en carbón
así las partes invisibles
        son combustibles
        de las visibles y viceversa.

El dios sol

Los hombres duermen
tranquilos en un rincón
                del parque
con sus rostros cubiertos
                por la peste.
Se oye el furioso ir y venir
del bóreas maculado y cínico
por la lluvia o el sol desfallecido
por los techos perpetuamente ajenos.
El sol es un dios porque calla
        los lentos cambios
                de las tinieblas
                        forzadas al espanto.

De la voz y la saliva

El olor de las hortensias
que los niños mastican al final del día
son fibras invisibles de la pata de tortuga.
Por eso
       porque no se ven
son más largos los puentes
              en la bruma.
Y por eso son redondas
la semilla amarilla del cianuro
y los anillos en forma de
mariposa de la voz
             del hierro ensangrentado
                  y la saliva.
La voz triplica su concordia y su indirecta
mientras la saliva seduce
con su rancio espesor
a las huestes de los buitres
             acalambrados
             y sin vientre.

Los perros hambrientos

Van a cubrir mi cuerpo
con una mancha roja
van a enterrarlo despiadadamente
en medio de la risa y del ahogo.
Van a cubrirlo con una piel ajena
con un susurro neutro
                      despistado
        con sífilis
     con lepra
con hebillas atómicas
     y nardos explosivos.
Allí está el lugar idóneo
entre la devastación y la locura
allí donde es visible apenas
el carrascal del patio.
Van a medir la caja
con una luz vencida.
                  Luego
     los hambrientos perros
             buscarán mis huesos
y vendrá desde muy lejos
     una brisa muy fría.

Los muertos sublevados

La noche ha puesto fin
al último traspié de la cigarra
a las ubérrimas urracas ululantes
a los ecos brumosos de la lluvia
a los espejos doblemente agrios
a las triples cuadraturas de la llama
a la ceniza recién resucitada
de un lobezno envuelto en cera
a la polilla radioactiva
que nos roe el deseo de seguir
perfeccionando nuestra muerte
con el filo oscilante de la risa.

Las palabras en el mar

Las palabras ocupan el lugar de los ojos.
Los ojos viven adentro de las moscas
con las que se forman las palabras aladas.
Las palabras no tienen pies ni boca:
son estrechos bosques de arena
donde la ausencia de los árboles
es idealizada por los vidrios rojos
que mastican las cabras y los peces.
La boca ocupa el sitio de las olas.
Las olas no se atreven a cantar.
Pero guardan en la espuma
el misterioso anillo de coral
que el delirio la fiebre y la sed
                      dotan de nada.

Exilio

Me torturan con pinzas de madera
cuyas púas originan desviaciones
del cráneo y de las piernas.
Me torturan con palabras dulcísimas
que son como un anzuelo con veneno.
Utilizan el silencio para desanimar y censurar
pero también para ocultar el miedo
que mi palabra causa en sus cabezas planas.
Me exilian hoy a las altas montañas
donde el frío del invierno desuella
      a los bisontes.

Promesa

Ya me he desquitado bastante
con escribir estos poemas.
Pero todavía tengo rabia
por el mal que me han hecho
esos ridículos del círculo escarlata
cuya cúpula ha servido a la sodomía
y a los vómitos de los carceleros entusiastas.
Un día tragarán su propia bilis
y sus cuellos cortados rodarán como piedras.
Yo seguiré distante ante la noche fresca
contemplando a mis Cerberos impolutos.

Hacia las playas solitarias

Mataron a mis perros de oro y plata.
Mataron a mis hijos que dormían
encima de las lonas desteñidas
o en el lecho de paja de las cabras.

Me tiraron al mar para ver qué tan hondo
es mi tormento
o tal vez para medir mi fuerza.

Pero las olas me expulsaron hacia
las playas solitarias del oeste
donde el sol es un signo de ventaja.

El mono sacro y Erictonio

Nadie lo duda ya de ti
pequeño mono sacro
ni siquiera el erizo
al que llaman Mitrídates.
Ni siquiera Proserpina
tu madre misteriosa
ni Pluto tu celoso guardián
en los descensos al infierno.
Nadie lo duda ya de ti
         Erictonio
         rey de Atenas
por tener un león
     en cada dedo
     que devora a los mortales
     mientras
          duermen.

Memorándum para Craso

No poseo poderes solemnísimos
ni buques ni antifaces ni guitarra.
Apenas tengo dos amigos bárbaros
y una jauría nómada
que cuida de mi prole inerme.
Vivo como los monos del trópico antiquísimo
entre magnolias
               cerdos
                       y gallinas.
Soy agua de los pozos profundos
y sirvo sólo a los vencidos.
Soy ceniza y sombra y no soy nada
y soy de tarde en tarde
un sol en la mampara.

Los poetas psicodélicos

A los poetas
      en verano
les da por soñar con escaleras
      y dragones.

A veces sueñan con bisontes
      y tiestos de cocina.

Sueñan cuando ríen
      levantando la vista
            hacia la nada.

Sueñan y fornican
      mientras comen
            manzanas con helmintos.

Cuando mueren
            al cabo de mil años
ríen más que un hormiguero
      encima de las rocas
            cubiertos por el moho
                 y los cangrejos.

Fornicación en un sueño fortuito

Mis sueños los dibujo sobre el aire bajo tierra
entre el olor a caucho y las magnolias muertas
entre la piel sagrada de los unicornios
y el ruido de la selva abandonada y mustia
o entre las flores luminosas del guayabo.
Los oculto entre las ramas del ciprés
o los disperso en las huellas digitales de los gatos.
Y aunque mis sueños no paran de crecer
y las moscas acorralan a los hombres que no sueñan
con guitarras silenciadas por un huevo de avestruz
o por fantasmas que se asustan de sí mismos
cuando verdinegras salamandras
      bajo el yeso putrefacto de la ropa
           acumulada en la saliva
                  fornican todo el día
                        yo
con solamente abrir mi mano
a las sombrías cabecitas
que se asoman a mi muerte anterior
con medio fuego dividiendo el deseo
en cántaros de lluvia
cambio mis ruletas por pinceles de Gauguin.
Mis sueños suben de repente a mis cabellos blancos
suben para blanquear al viento con soplidos
y nervios de caballo.

Entonces me cubro la cabeza con los brazos
para no dejarlos escapar
porque mis sueños aceleran
                torvamente
                        los andenes y los gritos
entre las pardas yemas de los párpados atónitos
        y el mar que nos alivia
        y nos aúna
        y nos sofoca.

Mayo de 1985

Si no fuera porque en mayo
      las guitarras respiran
            por los muros
te diría lo que sueño caminando.
      Sueño la grandeza
      de poderme diluir
      mientras me baño
          en una playa
          dibujada
             en la memoria.

Psicodelia al mediodía

Sueño algo que se inclina
y es redondo.

        Sueño agua arena fuego
        y se disloca el quicio
        de la puerta donde estoy
        bebiéndome la sed
                    a borbotones.

Siento los efectos de la mandrágora
y empiezo a ver muchachas
                  por doquier.

        Sueño piedra
        brisa
        y vino
y se embriagan por el bosque
        las estatuas.

Certeza del que duerme solo

Mis sueños son
                pedruscos diminutos
que he pintado del mismo color
            por ambos lados
      para no saber
      que estoy soñando
                sol
                cernícalo
                guitarra
      y me desangro
                palabra
                por palabra
                      entre la arena.

El estornino

Mis sueños te dan miedo —dices—
porque tienen demasiado filo.
Porque tienen uñas y se alzan
como pinos en el bosque.

Miedo te daría el estornino
cuyas alas son las piedras
               los corales
                    y las garras del vacío.

Petrificación sublineal

El bosque era de pino
              de caballo
                           y de centella
y no dormían ni el búho con su ojo de plata
ni el pérfido escarabajo adherido a la ceniza.

No dormían los cuervos ni las ánimas encinta
ni el follaje de piedra era señal de nada.

Y fue así que el hombre
con su cuerpo sucio
           regio
           o blando
                      en un instante
se convirtió en bálago de orfebre
y sus palabras
           en un montón
                      de pajas
                              y de piedras.

El soñador

Mis sueños no son nubes
        ni riachuelos
ni miméticos señuelos clandestinos
        ni gladiolos
        ni perennes arrecifes
pero guardan en las nubes
un silencio aterrador.
        Soñar
    aunque sea nada
    es más hermoso
        que vivir
            en cualquier
            parte.

Índice

I

Caracol | 7
El buscador de tesoros | 8
Yo a quien tratan de abolir | 10
Otra verdad del árbol | 11
Los árboles viejos | 12
Contra el suelo | 13
La otra vida | 14
Ficción del otro | 15
Fuego y lodo | 16
Grito | 17
Sencillamente | 18
Escuchando a los muertos | 19
Misterio | 20
Brecha | 21
La lógica bastarda el juego el artificio | 22
La mano | 23
Fuga | 24
Amnesia | 25

Hojas de olivo | 26
El río se aleja por mi mano | 27
Oda al suicida | 28
Ante la noche | 29

II

Papá sueña con puertas | 33
Heliogábalo | 34
La duda de Descartes | 35
Poesía y desencanto | 36
Deidad | 37
Ilusión o presencia | 38
Pasión por lo distante | 39
Sensación | 40
Examen de consciencia | 41
Oda nocturna | 42
Vivir en soledad | 43
Sobre la luz | 44
Inconsecuencia | 45
Dualidad y sentido | 46
Exacerbación | 47
Traba | 48
Magia del ego | 49

III

El viento | 53
Resonancias | 54
Elogio | 55
La mirada ramifica sus garfios | 56
Oh quimera oh destino | 57
Arte poética | 58
Un día y otro | 60
Demiurgo | 61
Sucesión | 62
Las redes imposibles | 63
Duda | 64
Los otros | 65
Equilibrio | 66
Autoconsciencia | 67

IV

Buitres | 71
Debajo de la máscara otra máscara | 72
El árbol | 73
La palabra inconsolable | 74
Pulso y medida | 75
Colibrí | 76

Poema encontrado en un baño ajeno | 77
Momentum | 78
Truco | 79
Turbación | 80
Magia | 81
Caligrafía | 82
Sueño | 83
Persecución | 84
A orillas del arroyo | 85
Abril 1984 | 86
Vudú | 87
Tres hermanas | 88
Y las voces arden | 89
Papel quemado | 90
Fijeza de lo ausente | 91
Espejo | 92

#

A fuego abierto | 95
La rueda del Saṃsāra | 96
Vacuidad | 97
El primer día de escuela | 98
Ante un espejo | 99
Ante las hojas caídas | 100
Mariposa | 101

Escalonada y el mar | 102
El ahorcado | 103
Eternidad | 104
Por la luz exorcizado | 105

VI

Hablar solo | 109
Exigencia | 110
La mañana | 111
A los amigos muertos | 112
Este canto indefenso | 114
Reencarnación | 115
Fábula del hombre y la piedra | 116
Fábula con fondo blanco | 117
El blanco sueño | 119

VII

Momentos infinitos | 123
Medianoche | 124
La cama de Procusto | 125
Hartazgo | 126
Subterfugio | 127
Aparición vespertina | 128
El retornado | 129

Densidad | 130
Alto contraste | 131
Azul y negro | 132

VIII

Una ola | 135
Otra ola | 136
Antidelirio | 137
Disgresión | 138
Los perfectísimos | 139
Festín de invierno | 140
El ermitaño | 141
Esquema para una elegía | 142
Tornasol | 143
Consejos que me doy | 144

IX

Cadencias milagrosas | 147
Presunción de literato | 148
Desazón | 149
Cayó Cleón | 150
Invasión nocturna | 151
El sermón de Sansón | 152

Miedo en casa | 153
Difusa descripción de una batalla | 154
Definición de claroscuro | 155
Los zapatos de mamá | 156
El chamán salvaje | 157
La casi urbana oscuridad | 158
Nota para piano | 159
La risa de mamá | 160
Puro margen | 161
Mi tortuga y yo | 162
Está lloviendo | 163
Melania y las miosotis | 164
El sueño y su revés | 165
Signos son de brusca brevedad | 160

X

Vacío y perfección | 169
Finito e infinito | 170
El dios sol | 171
De la voz y la saliva | 172
Los perros hambrientos | 173
Los muertos sublevados | 174
Las palabras en el mar | 175
Exilio | 176
Promesa | 177

Hacia las playas solitarias | 178
El mono sacro y Erictonio | 179
Memorándum para Craso | 180
Los poetas psicodélicos | 181
Fornicación en un sueño fortuito | 182
Mayo de 1985 | 184
Psicodelia al mediodía | 185
Certeza del que duerme solo | 186
El estornino | 187
Petrificación sublineal | 188
El soñador | 189

Colofón

Esta tercera edición definitiva
(corregida y ampliada) de
EL SOÑADO DESQUITE,
de José Alejandro Peña, se terminó
de imprimir en diciembre de 2018
en los Estados Unidos de América,
con una tirada de 1,500 ejemplares,
más sobrantes de reposición.

Almava Editores
www.almava.net
info@almava.net

www.ingramcontent.com/pod-product-compliance
Lightning Source LLC
LaVergne TN
LVHW040144080526
838202LV00042B/3014